김 포

- 문수산성

2020

김포

– 문수산성

김재석 시집

사이재

시인의 말

도보다리가 답이다, 도라산역이 늠름하다 ,
철원, 고성, 양구, 인제, 연천, 화천, 강화, 옹진에 이어
김포를 마지막으로 남북 접경지역에 대한
시 쓰기를 마친다

김포가 마지막이 된 것은
조강을 사이에 두고
남과 북이 접하고 있는 것을
뒤늦게 알아서다

자나 깨나 내 꿈은
남과 북이
다시는 동족상잔의 길을 걷지 않는 것이다

조국이 하나되는 것은 나중 일이다
남과 북이 서로
손끝 하나 다치지 않도록 하는 것이 급선무다

        2019년 겨울
        일속산방(一粟山房)에서
        작시치(作詩痴) 김 재 석

차례

김포

시인의 말

차례

1부

김포 13
김포 14
김포는 개풍과 내통해야 한다 15
김포는 속이 깊다 16
김포는 마음이 강 건너 북촌에 있다 18
김포는 삼면이 강이다 20
김포는 물속헤엄으로 개풍에 다다를 수 있다 22
강화와 고양 사이 김포가 있다 24
김포는 못 말려 26
김포가 마음의 상처를 입다 28
김포는 배짱이 두둑하다 30
김포는 마음이 개성과 평양에 있다 32
김포가 낙담할 때가 있다 34
김포평야가 마음이 편치 않다 36
김포평야가 조바심이 나다 38

김포국제공항은 어깨가 무겁다 40
김포국제공항은 국제신사다 42
김포국제공항은 신기한 컴퍼스이다 44
김포는 만삭이다 46

2부

조강 민들레 49
조강 민들레는 삼천리 방방곡곡에 진출하였다 51
조강 민들레는 강물을 두려워하지 않는다 52
조강 양안 민들레의 운명은 바람에 달려 있다 54
조강 애기똥풀 56
조강 애기똥풀은 해와 달, 별빛이 주식이다 58
조강 며느리밑씻개는 이념 따윈 모른다 60
문수산 진달래는 약산 진달래 못지않다 62
문수산 진달래는 걱정이 태산 같다 64
문수산 뻐꾹새는 예의가 바르다 66
문수산 뻐꾹새는 반전주의자이다 68
문수산 뻐꾹새는 시중에 따른다 70

3부

덕포진은 신미년과 병인년을 잊을 수 없다 73
문수산성은 자부심이 강하다 74
문수사는 소박하다 76

김포성당은 마음이 편치 않을 때가 있다 78
김포국제조각공원은 국제적으로 논다 80
김포다도박물관은 예의 바르다 82
태산패밀리파크는 가정적이다 83
통진향교는 향학열이 대단하다 84
한재당은 당당하다 86
토탄농경유물전시관의 모토는 농자천하지대본이다 88
통진두레문화센터는 전통과 개인의 재능을 중시한다 90
김포함상공원은 죽지도 않고 사라지지도 않았다 91
김포독립운동기념관이 만세삼창을 한다 92
장릉은 위엄이 있다 93
한강야생조류공원은 보이지 않는 날개가 있다 94
김포라베니체는 데칼코마니의 달인이다 95
우저서원은 떳떳하다 96
김포향교 느티나무는 박학다식하다 98
조강철책길이 신경을 곤두세우다 100

4부

손돌 105
박신 107
양신지 109
이목 112
심연원 114

조헌 116
장만 118
원종 120
윤계 122
박제가 124
남효온 126

1부

김포

조강에 장대를 짚고
높이 뛰면
개성에 다다르겠다

평양은
무리이고

근데
개성이 받아줄까

그게
문제다

김포

개성이
조강에
장대를 짚고
높이 뛰면
받아낼 준비가 되어 있다,
기꺼이

발끝 하나
다치지 않게

어느
때든지

김포는 개풍과 내통해야 한다

김포는 개풍과 내통해야 한다

김포는 개풍과 내통하여
조국이 하나되는 데
조국이 다시는 동족상잔하지 않도록 하는 데
공헌해야 한다

강화와 고양 사이 김포는
강화, 고양과도 잘 지내야 하지만
공공연하게 지낼 수 없는
개풍과 내통하여
개풍이 반전, 반핵에 앞장서도록 해야 한다

개풍이 반전, 반핵에 앞장서도록
앞에서 끌어주고
뒤에서 밀어주는 역할을
김포가 해야 한다

김포는 개풍과 내통해야 한다,
은밀하게

김포는 속이 깊다

김포는
개성이 자신을 받아주지 않아도
개성을 받아줄 준비가 돼 있다

김포는
속이 깊다

개성이
김포의 마음을 안다면
개성도 김포를 받아줄 것이다

개성이
김포의 마음을 모르기에
태도가 바뀌지 않은 것이다

개성이
김포가
내 동포 내 형제라는 걸
모를 리가 없다

개성과

김포는
동상이몽(同床異夢)이 아니라
동병상련(同病相憐)이다

김포는
개성이 자신을 받아주지 않아도
개성을 받아줄 준비가 돼 있을 정도로
속이 깊다

김포는 마음이 강 건너 북촌에 있다

김포는
마음이 강 건너 북촌에 있다

강 건너 북촌에는
남촌의
큰집,
작은집,
이종사촌,
고종사촌,
일가붙이들이 즐비하다

사돈네 팔촌까지 따지면
일가붙이
아닌 이들이 하나도 없다

일가붙이인
남촌과 북촌이
서로 총부리를 겨누고 있다니

거둬라 총을
거둬라 총을

일가붙이들끼리 총부리를 겨누게 한
냉전 이데올로기는 가라,
냉전 이데올로기는 가라

마음이 강 건너 북촌에 있는
김포가
눈빛으로 외친다

김포는 삼면이 강이다

김포는
삼면이 강이다

고양과는 한강,
강화도와는 염하강,
개풍과는 조강과 마주보고 있다

그리운 건 다
江 건너에 있다

문제는
고양이 그리우면
고양에 가고
강화도가 그리우면
강화도에 가는데
개풍은
그리워도 갈 수 없다는 것이다

장대를 짚고
높이 뛰면
다다를 거리인

개풍이 그리워도 가지 못하니
가슴이 찢어질라 한다

진짜로
그리운 건
江 건너 북촌인 개풍이다

김포는 물속헤엄으로 개풍에 다다를 수 있다

맘만 먹으면
김포는
물속헤엄으로 개풍에 다다를 수 있다

한 번은 뭐하고
두 차례만 얼굴 내밀면
물속헤엄으로 개풍에 다다를 수 있다

맘만 먹으면
개풍도
물속헤엄으로 개풍에 다다를 수 있다

김포가
개풍이
맘을 먹지 않기에
서로 다다르지 못할 뿐이다

지금까지
드러나지 않아서 그러지
김포가
개풍이

서로 다다르고 있는지도 모른다

김포와
개풍은
이미
물속으로 한 몸이다

강화와 고양 사이 김포가 있다

강화(江華)와
고양 사이 김포가 있다

김포는
강화를 유혹하고
고양에겐 유혹당한다

유혹하기도 하고
유혹당하기도 하는
김포는
강 건너 개풍을
유혹하기도 하고
유혹당하기도 한다

물밑으로
김포와 개풍이
뭔가를
주고받고 있다는 소문이 자자하다

소문일 뿐
아직까지

확실한 증거를 잡지 못하고 있다

강화(江華)와
고양 사이 김포가 있지만
마음은
개풍에 더 있다

김포는 못 말려

개풍의 마음을 사지 못해
안절부절못하는
김포는
못 말려

고양하고도 가까이 지내고
강화하고도 가까이 지내고
인천하고도 가까이 지내는 것 보면
재주 하나는

고양의 마음을 사려고
강화의 마음을 사려고
인천의 마음을 사려고 애쓰지도 않고
마음을 산 것을 보면

오히려
고양이 김포의 마음을 사려고
강화가 김포의 마음을 사려고
인천이 김포의 마음을 사려고
애쓰는 것을

고양, 강화, 인천에겐
마음을 주지 않고
개풍의 마음을 살려고
애쓰는 것을 보면
한여름 밤의 꿈이 따로 없어

개풍의 마음을 사지 못해
안절부절못하는
김포는
못 말려

김포가 마음의 상처를 입다

어지간한 일엔
상처를 입지 않는 김포가
마음의 상처를 입었다

기회만 있으면
개풍의 마음을 사
개풍을 반전, 반핵의 기수로
만들고 싶은데
개풍이 마음을 주지 않으니
김포가
마음의 상처를 입을 수밖에 없다

개풍이 마음을 주지 않는 것이 아니라
개풍이 마음을 주고 싶어도
잘못하다간 반동으로 몰려
숙청당할 수 있기에
눈치를 보고 있는 것이다

뒤늦게
김포가
개풍이 눈치를 보고 있다는 것을

눈치채고 나서
마음의 위안을 얻었다

어지간한 일엔
상처를 입지 않는 김포가
마음의 상처를 입었다

김포는 배짱이 두둑하다

김포국제공항과
김포평야를 거느린
김포는 배짱이 두둑하다

개풍의 마음을 사지 못해
마음이 아픈 것을 빼고는
아쉬울 게 없다

든든한
고양이
인천이 함께하고
호국의 관문인 강화가 지켜주니
부러울 게 없다

누군가와 함께하지 않아도
누군가가 지켜주지 않아도
혼자서도 잘할 수 있는데
다른 이도 아닌
고양과 인천이 함께하고
강화가 지켜주니
이보다 좋을 수가 없다

김포평야와
김포국제공항을 거느린
김포는 배짱이 두둑하다

김포는 마음이 개성과 평양에 있다

김포는
마음이
개성과 평양에 있다

김포는
마음이
개풍에 있기도 하지만
개성에 있고
평양에 있다

개풍의 마음만 사면
개성의 마음을
평양의 마음을 사는 것은
아무것도 아니다

개풍의 마음도 사지 못하면서
개성의 마음을
평양의 마음을 살 수 없다

개성의 마음을
평양의 마음을 사기 위해서

먼저
개풍의 마음을 사야 한다

김포는
마음이
개성과 평양에 있는 것을
개풍에게 드러낸 적이 없다

김포가 낙담할 때가 있다

어지간한 일엔 감정을 드러내지 않는
김포가
낙담할 때가 있다

1, 2차 연평해전,
연평도 포격사건,
천안함 사건,
연천 포격 사건

내 동포 내 형제라고
김포가 끔찍이 생각하는
강 건너 북촌이
이따금 깽판을 치니
자신이 직접 당한 일이 아니어도
김포가 낙담하지 않을 수 없다

당사자인
연평도는
백령도는
연천은
낙담하지 않을 수 없다가 아니라

즉각 대응을 하느라
낙담할 시간도 없다

어지간한 일엔 감정을 드러내지 않는
김포도
낙담할 때가 있다

김포평야가 마음이 편치 않다

잘나가는
김포평야가 이따금 마음이 편치 않다

우리만 배부르면 뭐하냐,
우리만 배부르면 뭐하냐

강 건너 북촌의
내 동포 내 형제들은
고난의 행군으로
배와 등가죽이 달라붙었는데

강남과 거리가 먼
꽃제비들이 무성해도
남아돌아가는
식량을 나눠 먹을 수 없으니

오붓하게 마주앉아 시간 가는 줄 모르고
강 건너 북촌과
이야기를 나누던 시절이
옛이야기가 되었으니

우리만 배부르면 뭐하냐,
우리만 배부르면 뭐하냐

잘나가는
김포평야가 이따금 마음이 편치 않다

김포평야가 조바심이 나다

김포평야가 조바심이 날 때가 있다

아무 생각 없이 지내다가
아파트가
자신의 영역을 침범하고 있다는
생각이 날 때면
조바심이 날 수밖에 없다

어떤 때는 노골적으로 침범하고
어떤 때는 야금야금 침범하는
아파트에게 대항하지 못하는
자신이 안타까운 것이다

더더욱
아파트가 양심이 있는 것도 아니고
아파트가 분수를 아는 것도 아니고
달리 말하면
아파트는 수오지심이 없다

벌떡 일어나
아파트를 넘어뜨리고 싶은 심정이지만

나중 형편이 더 나빠질 수 있기에
참는 것이다

김포평야가 조바심이 날 때가 많다

김포국제공항은 어깨가 무겁다

김포국제공항은 어깨가 무겁다,
세계각지의
하늘 길을 책임져야 하니

세계는 넓고 할 일이 많다는 것을
누구보다 먼저 깨우친
김포국제공항

먼 데서 온 세계각지의 길들을
마중하고 배웅하느라
정신이 없다

인천국제공항에게
일인자의 자리를 내어주고도
불평 한 마디 하지 않았다

인천국제공항이
자신의 무거운 짐을
덜어준다고 생각한 것이다

세계각지의

하늘 길을 책임지는
김포국제공항은 어깨가 무겁다,
여전히

김포국제공항은 국제신사다

김포국제공항은
국제신사다

누가 국제신사라 해서 국제신사고
누가 국제신사가 아니라 해서
국제신사가 아닌 게 아니다

타고날 때부터
국제신사다

국내적으로도 놀지만
국제적으로 놀 때가 더 많다

그 많은 하늘 길들을 책임지느라
정신없는 가운데
자신을 업그레이드하는 것을
소홀히 하지 않는다

자신을 업그레이드하지 않으면
국제신사의 자리를
유지하기가 힘들다는 것을 알고 있다

김포국제공항은
시중을 가슴에 새긴
국제신사다

김포국제공항은 신기한 컴퍼스이다

안다리는 하나이고
바깥다리는 수없이 많은
신기한 컴퍼스이다,
김포국제공항은

바깥다리를
줄였다
늘였다 하여
어디든 갔다 돌아온다

어디든 갔다
생각 없이
그냥 돌아오는 게 아니라
견문을 넓히고 돌아온다

세계는 넓고
할 일은 많다는 것을
마음이 아닌
몸으로 체험하였다

몸이

마음을 따라주지 않아
문제이지
다른 건 문제가 없다

안다리는 하나이고
바깥다리는 수없이 많은
신기한 컴퍼스이다,
김포국제공항은

김포는 만삭이다

김포는
만삭이다

만삭인
김포가
무얼 잉태하였는가 했더니
애기봉 평화생태공원이다

그냥 평화공원도 아니고
그냥 생태공원도 아니고
평화생태공원이다

이걸 퓨전이라고 해야 하나
이걸 하이브리드라고 해야 하나

김포는
머지않아 상고달이다

2부

조강 민들레

김포 조강 민들레와
개풍 조강 민들레는 이미 내통하고 있다

남풍은
개풍 조강 민들레를 김포로 데려오고
북풍은
김포 조강 민들레를 개풍으로 데려간다

조강 민들레가
월남을 하고
월북을 해도
누구도 눈치채지 못한다

월남을 하고
월북을 한 것을
누가 눈치챘다고 해도
증거를 될 수가 없다

개풍 조강 민들레와
김포 조강 민들레를
아무리 들여다봐도

다른 구석이 하나도 보이지 않기 때문이다

개풍 조강 민들레와
김포 조강 민들레는 내통한 지 오래됐다

조강 민들레는 삼천리 방방곡곡에 진출하였다

조강 민들레는
삼천리 방방곡곡에 진출하였다

정확히 말하면
조강 양안 민들레는
이미 북녘 산하에
이미 남녘 산하에 진출하였다

조강 양안 민들레는
백두대간이 거느린
삼천리 방방곡곡 어디에도
뿌리내리지 않은 데가 없다

조강 양안 민들레는
남과 북을 마음대로 오가며
생육하며
번식한 지 오래됐다

조강 민들레는
삼천리 방방곡곡 너머
중국 땅에도 아니
지구촌 어디에도 진출하지 않은 곳이 없다

조강 민들레는 강물을 두려워하지 않는다

조강 민들레는 강물을 두려워하지 않는다

바람 따라
남북으로 왕래를 거듭하는
조강 민들레는 강물을 두려워하지 않는다

강물을 두려워하지 않는데
그깟 철책을 두려워하겠는가

조강 양안 어디에든 착지하여
살아온 세월이 그걸 입증한다

조강 양안 어디에 착지하지 못하고
물에 떨어져도
강화 아니면
옹진 어딘가에 착지하여
뿌리내린다

강화,
옹진
어디에도 착지하지 못하면

중국 땅 어디에라도 착지하여 뿌리내린다

조강 민들레는 바다도 두려워하지 않는다

조강 양안 민들레의 운명은 바람에 달려 있다

조강 양안 민들레의 운명은 바람에 달려 있다

조강 양안 민들레의 후손들이
남에서 사느냐
북에서 사느냐 하는 것은
바람에 달려 있다

조강 양안 민들레의 후손들의 후손들이
남에서 사느냐
북에서 사느냐 하는 것은
바람에 달려 있다

조강 양안 민들레의 후손들의 후손들은
남에서 살기도 하고
북에서 살기도 하는데
어디에 살든 서로 다투는 일이 없다

조강 양안 민들레의 후손들의 후손들은
남에서 살기도 하고
북에서 살기도 하는데
서로 소식을 주고받으며 산다

조강 양안 민들레의 운명은 바람에 달려 있다,
순전히

조강 애기똥풀

조강 양안 애기똥풀이
자의적으로
월북을 한 것도
월남을 한 것도 아니다

조강 양안 애기똥풀이
분수를 모르고
그 작은 가랑이로
강을 건넌 것도 아니다

조강 양안 애기똥풀이
강을 건너겠다고
<u>스스로</u> 나설 정도로
배짱이 두둑한 것도 아니다

조강 양안 애기똥풀은
어떤 운명에 의하여
남에서 살고
북에서 살게 됐는지

강물에 휩쓸려 간 곳이

강물에 몸을 맡겨 도착한 곳이
남이고
북이었나

그게 아니면
바람의 신이
애기똥풀의 운명을
좌지우지하였나

조강 양안 애기똥풀이
월남을 한 것도
월북을 한 것도 아니다,
<u>스스로</u>

조강 애기똥풀은 해와 달, 별빛이 주식이다

조강 애기똥풀은 해와 달, 별빛이 주식이다

조강 애기똥풀의 주식이
해와 달, 별빛이면
간식도 있을 텐데
그게 뭘까,
그게 뭘까

물빛이다
구름빛이다

그것만이 아니다
그것만이 아니다

순하디
순한
짐승들의 눈빛이다

이념은
주식도
간식도 아니다

조강 애기똥풀은 해와 달, 별빛이 주식이다,
분명히

조강 며느리밑씻개는 이념 따윈 모른다

조강 며느리밑씻개는 이념 따윈 모른다

자본주의가 무엇인지
공산주의가 무엇인지

이념 따윈 모르는
조강 며느리밑씻개는
시집살이가 얼마나 지독한가를
보여주기 위해서 태어났다

며느리밑씻개,
며느리밑씻개

불명예스러운 이름을
개명하고 싶어도
개명하지 않은 것은
누가 인후보증을 서 주지 않아서다

지금은
인후보증이 필요 없어도
개명하지 않는 것은

악명(惡名)이어도
이미 유명세를 탔기 때문이다

조강 며느리밑씻개는 사상 따윈 모른다

문수산 진달래는 약산 진달래 못지않다

문수산 진달래는 약산 진달래 못지않다

달리 말하면
문수산 진달래는 약산 진달래보다
더 낫지도
더 못하지도 않다

강 건너 북촌에 눈이 꽂힌
문수산 진달래는
약산 진달래를 걱정할 정도다

문수산 진달래가
여유가 있어서
약산 진달래를 걱정한 게 아니라
영변 핵시설 때문이다

문수산 진달래에겐
약산 진달래가
내 동포 내 형제이기에
등한시 할 수 없는 것이다

문수산 진달래는 약산 진달래 못지않다

문수산 진달래는 걱정이 태산 같다

문수산 진달래는 걱정이 태산 같다

강 건너 북촌이
미사일인가 뭔가를 쏘아 올릴 때마다
밤잠을 이루지 못한다

걱정 없이
해와 달, 별빛을 챙기는 데 열중하다가
약산에 진달래가 생각나면
해와 달, 별빛을 챙기는 데
소홀하게 된다

약산 진달래는
문수산 진달래가
자신들 때문에
잠 못 이루는 것을
알까
모를까

문수산 진달래가
자신들 때문에

잠 못 이루는 것을 알고 있다 하여도
약산 진달래는
아무런 조치를 취하지 못할 것이다

문수산 진달래는 걱정이 태산 같다,
오지랖이 넓다는 말 들을 정도로

문수산 뻐꾹새는 예의가 바르다

철새인 문수산 뻐꾹새는 예의가 바르다

텃새인 문수산 소쩍새의 비위를
한 번도 거스른 적이 없다

봄날 소쩍새가 울음을 토한 뒤에
울음을 토하기 시작하지
봄날 소쩍새가 울음을 토하기 전에
울음을 토하지 않는다

문수산 소쩍새가 울음을 토하는 밤중에는
문수산 뻐꾹새가 울음을 토한 적이
그러니까 잠결에라도 토한 적이
한 번도 없다

철새인 문수산 뻐꾹새가
예의가 바라서 그런지
텃새인 문수산 소쩍새에게
겁먹어서 그런지

내 눈에는

철새인 문수산 뻐꾹새가 제 분수를 알아서
예의 바른 것 같다

문수산 뻐꾹새는 반전주의자이다

문수산 뻐꾹새는 반전주의자이다

문수산 뻐꾹새가
냉전 이데올로기가 뭣인지 알아서
반전주의자가 아니라
전쟁의 불똥이 튀어
피 본 적이 있는 조상의 피가
몸속에 흐르고 있어서다

6 · 25 동란이 지난 뒤
두 세대가 지냈기에
이제 구호가 바뀔 만한대도
문수산 뻐꾹새의 구호는 여전히
동족 · 상잔 · 하지 · 말자 아니면
반전 · 반핵 · 반전 · 반핵이다

동족 · 상잔 · 하지 · 말자
반전 · 반핵 · 반전 · 반핵
그 다음에 무슨 구호를 외칠 것인가
예측하라 하면
내 생각은

평화 · 통일 · 평화 · 통일이다

문수산 뻐꾹새는 평화주의자이다

문수산 뻐꾹새는 시중에 따른다

문수산 뻐꾹새는 시중에 따른다

6 · 25 이전에는

조국 · 통일 · 조국 · 통일
조국 · 통일 · 조국 · 통일

6 · 25 이후에는

동족 · 상잔 · 하지 · 말자
동족 · 상잔 · 하지 · 말자

요즘에는

반전 · 반핵 · 반전 · 반핵
반전 · 반핵 · 반전 · 반핵

문수산 뻐꾹새는 시중에 따른다,
언제나

3부

덕포진은 신미년과 병인년을 잊을 수 없다

덕포진은
신미년과 병인년을 잊을 수 없다

덕포진이
신미년과 병인년을 잊으면
덕포진이 아니다

신미년과 병인년이
마음을 무겁게 하지만
그래도 잊을 수 없다

신미년과 병인년으로부터
벗어나고 싶은
마음이 없는 것도 아니지만

마음을 가볍게 하기 위해서
신미년과 병인년을
잊을 생각은 없다

덕포진은
신미년과 병인년을 잊을 수 없다,
죽어도

문수산성은 자부심이 있다

정족산성과 함께
병인양요를
승리로 이끈
문수산성은 자부심이 강하다

조선에 들어와서
이순신 장군 말고는
맨날 깨지기만 한 조선이
누군가를 깬 것은
병인양요다

누군가를 깬
병인양요 때
방화로
약탈로 잃은 것이
한두 가지가 아니다

방화로
약탈로 잃은 게
한두 가지가 아니어도
누군가를 깬 것은

깬 것이다

정족산성과 함께
병인양요를
승리로 이끈
문수산성은 자부심이 강하다

문수사는 소박하다

문수산
문수사는 소박하다

소박한
문수사를
만나기가 쉽지 않다

비로전,
요사체

풍담대사
부도,
비

비로전이
일당백이다

문수사가
소박하다고 해서
영험하지 말란 법이 없다

문수사는
소박해도
비루한 티가 나지 않는다

문수산
문수사는 소박하다

김포성당은 마음이 편치 않을 때가 있다

김포성당은 마음이 편치 않을 때가 있다

병인양요 때 방화와 약탈을 한
프랑스군대가
머릿속에 떠오를 때이다

김포성당이
방화와 약탈을 한 것은 아니지만
찝찝한 것은 사실이다

날마다 좋은 소식을 전하려고
안간힘을 쓰는 김포성당이
마음이 편치 않을 때가 있다는 것은
마음이 모질지 못하다는 것이다

김포성당이
마음이 모질지 못하다는 것은
그만큼 순수하고 착하다는 것이다

병인양요 때 방화와 약탈을 한
프랑스군대가 저지른 죄를

씻어주기 위해서
김포성당이 좋은 소식을 전하려고
애쓰는 게 아니라
본성이 착해서다

김포성당은 마음이 편치 않을 때가 있다,
종종

김포국제조각공원은 국제적으로 논다

김포국제조각공원은 국제적으로 논다

김포국제조각공원은
평화와 통일의 메시지를 전하기 위하여
태어났다

사내들이
평화와 통일의 메시지를 전하기 위하여
옷을 벗었다

손을 짚지 않고
벌거벗은 채
물구나무 선 사내들도
평화와 통일의 메시지를 전하기 위하여
생고생을 하고 있다

벌거벗은 여인들도
평화와 통일의 메시지를 전하기 위하여
곡예 아닌
곡예를 하고 있다

국제적으로 놀려면 일단 벗어야 한다

김포국제조각공원은 국제적으로 논다

김포다도박물관은 예의 바르다

김포다도박물관은 예의 바르다

김포다도박물관이 예의 바르지 않으면
누가
예의 바르겠는가

다도를 가르치는
김포다도박물관이 예의 바르지 않으면
아무도
다도를 배울 생각을 하지 않을 것이다

예의만 바른 게 아니라
잊혀져가는 민속놀이를 우리에게
안겨주는 걸 보면
옛것을 무지하게 사랑하고 있다

생태연못이
뒤에서 밀어주니
힘이 날 수밖에 없겠다

김포다도박물관은 예의만 바른 게 아니라
친절하다

태산패밀리파크는 가정적이다

생각해 보면
태산패밀리파크는 가정적이다

도자기와만 가까이 지내는 게 아니라
들꽃들과도 가까이 지낸다

도자기와
들꽃들과 가까이 지내면서
물놀이도 즐긴다

물놀이만 즐기는 게 아니라
산책도 즐긴다

생각해 보지 않아도
태산패밀리파크는 가정적이다

통진향교는 향학열이 대단하다

통진향교는 향학열이 대단하다

아무리 나이 들어도
통진향교는
치매와는 거리가 멀겠다

배운 것을
또 배우고 또 배우고 하지 않아도
가르친 것을
또 가르치고 또 가르치니
한 번 머릿속에 담은 것이
죽어도 머릿속을 떠나지 않을 것이다

거기다가
향학열이 충천하니
누구도
학식을 따라잡을 수 없다

딱 한 가지
걱정되는 것은
과부하다

통진향교는 향학열이 대단하다,
그야말로

한재당은 호연지기가 있다

빠진 데가 하나도 없는
한재당은
호연지기가 있다

한재당이
호연지기가 있어
빠진 데가 없는 게 아니라
빠진 데가 없어
호연지기가 있다

빠진 데가 하나도 없는 것하고
호연지기가 있는 것하고
뭔 상관이 있냐고 따질 수 있겠다

빠진 데가 하나도 없으면
자신감은 있겠지만
호연지기가 있다는 말은
지나치지 않냐고

빠진 데가 하나도 없는
한재당은

호연지기가 있다,
누가 뭐라고 따지든

토탄농경유물전시관의 모토는 농자천하지대본이다

촌스러운 구석이 있어야 하는데
촌스러운 구석이 하나도 없는
토탄농경유물전시관의 모토는 농자천하지대본이다

모토가 농자천하지대본이 아니면
토탄농경유물전시관이 태어날 하등의
이유가 없다

토탄농경유물전시관이
자신의 모토가 농자천하지대본이라고
떠들 필요가 없다

토탄농경유물전시관이
농자천하지대본이라고 떠들지 않아도
농자천하지대본이다

토탄농경유물전시관만
농자천하지대본이 아니라
글농사 짓는 나도 농자천하지대본이다

촌스러운 구석이 있어야 하는데

촌스러운 구석이 하나도 없는
토탄농경유물전시관의 모토는 농자천하지대본이다

통진두레문화센터는 전통과 개인의 재능을 중시한다

통진두레문화센터는
전통과 개인의 재능을 중시한다

잘못 생각하면
통진두레문화센터가
전통만 중시한다고 생각하기 쉬운데
개인의 재능도 중시한다

통진두레문화센터가
고리타분하단 말을
구태의연하단 말을 들으려고
태어난 게 아니다

통진두레문화센터는
신선하단 말을
뛰어넘었단 말을 듣고 싶어한다

통진두레문화센터는
전통과 개인의 재능을 중시할 수밖에 없다,
살아남으려면

김포함상공원은 사라지지도 않고 죽지도 않았다

김포함상공원은
사라지지도 않고
죽지도 않았다

김포함상공원은
사라질 뿐
죽지는 않는다는
맥아더 장군을 뛰어넘었다

맥아더 장군을 뛰어넘은
함상공원을
김포가 낳았다

보여주는 게 한두 가지가 아니니
직접 만나
확인하는 것이
가장 빠른 방법이다

김포함상공원은
사라지지도 않고
죽지도 않고
버젓이 살아있다

김포독립운동기념관이 만세삼창을 한다

김포독립운동기념관이 만세삼창을 한다

만세삼창을 하다가
뉘 나면
독립선언문을 낭송한다

독립선언문을 낭송하다가
뉘 나면
다시 만세삼창을 한다

김포독립기념관이 만세삼창을 하고
독립선언문을 낭송할 때
기마병들의 말발굽 소리가 들린다

기마병들의
말발굽소리만 들리는 게 아니라
총소리도 들린다

김포독립기념관이
만세삼창을
독립선언문을 멈추지 않는다

장릉은 위엄이 있다

똑떨어진
장릉은 위엄이 있다

위험 말고
위엄이 있다

장릉은 위엄이 있다는 말을
하지 않아도
위엄이 있다

장릉이 위엄이 있는 것은
후천적이 아니라
선천적이다

가 봐라, 가 봐
홍예문까지 거느린
장릉을

장릉은 위엄이 있다,
똑떨어진

한강야생조류공원은 보이지 않는 날개가 있다

한강야생조류공원은 보이지 않는 날개가 있다,
언제나 날 준비가 되어 있는

눈으로 봐서는 보이지 않고
마음으로 봐야 보이는
날개가 있다

그걸
투명날개라 해야 하나

누군들
비상하고 싶지 않으리

비상하는
새들을 돌봐야 하는
한강야생조류공원은 날고 싶어도
날지 않는다

한강야생조류공원은 보이지 않는 날개가 있다,
언제나 날 준비가 되어 있는

김포라베니체는 데칼코마니의 달인이다

잘나가는
김포라베니체는 데칼코마니의 달인이다

내 말이
거짓인가,
참인가
물속을 들여다봐라

진종일
물구나무서 있는 것들을

구름이
물구나무서리라고
생각도 못해 봤다

잘 빠진
김포라베니체는 데칼코마니의 달인이다

우저서원은 떳떳하다

의병장인
우저서원은 떳떳하다

우저서원은
스스로
떳떳하단 말을 뱉은 적이 없다

스스로
떳떳하다 하면
떳떳한 게 반감될 수 있다

떳떳하다는
흠이 없다는 말인데
흠이 없는 이가 어디에 있겠는가

흠이 있어도
흠을 가릴 만한 일을 한 이는
떳떳하다고 해도 무방할 것이다

우저서원은
흠을 가릴 만한 일을 해서

떳떳한 게 아니다

우저서원은 떳떳하다,
의병장이어서

김포향교 느티나무는 박학다식하다

향학열에 불타는
김포향교 느티나무는 박학다식하다

누가 봐도
김포향교와 동고동락한 덕분이다

김포향교와 동고동락하지 않았다면
몸에 품위가 베이지 않고
몸에 품위가 달아났을 것이다

김포향교와 동고동락했다고 해서
다 박학다식한 것은 아니다

삼년만 아니
삼십년만 동고동락해도
사서삼경의 달인이 될 텐데
삼백년을 가까이했으니

더더욱
단 하루도
허투루 지낸 적이 없다

향학열에 불타는
김포향교 느티나무는 박학다식하다

조강 철책길이 신경을 곤두세우다

조강 철책길이 신경을 곤두세운다

내 동포 내 형제인
강 건너 북촌이
신경을 곤두세우지 않을 수 없게 한다

강 건너 북촌이 사고치지 않으면
하루가 편안하고
한 달이 편안하고
일 년이 편안하다

염하강 철책길도
한강 철책길도
신경을 곤두세워야 하나
조강보다 덜 곤두세워도 된다

강 건너 북촌의
조강 철책길도 신경을 곤두세울까

이곳 남촌이
북촌에 가서

사고쳤다는 말을 들어본 적이 없다

조강 철책길이 신경을 더 곤두세운다,
밤이 깊을수록

4부

손돌

선돌이
자신의 목숨을 거둬간 왕을
죽음의 소용돌이에서
벗어나게 해 준
그 정신을 뭐라 해야 하나

바가지
바가지를 따라서
배를 몰고 가라고 했지

선돌의 목숨을 거둬간
왕의 수염이라도 잡고 흔들어 버려야
마음이 풀릴 것 같다

선돌이
살아서 이름을 남겨야지
죽어서 이름을 남기면
뭔 소용이 있나

선돌도 살고
왕도 살면

이야기가 재미없어
선돌의 목숨을 거둬가도록
운명이 장난을 친 것이다

선돌이
자신의 목숨을 거둬간 왕을
죽음의 소용돌이에서
벗어나게 해 준
그 정신을 뭐라 해야 하나

박신

포은의 문생(文生)이
조선 건국에 일조하였으니
본의 아니게
포은에게 등을 돌린 것이다

포은에게 등을 돌렸다기보다는
포은과 뜻을 달리했다고 하는 것이
더 낫겠다

태종과 사돈지간으로
벼슬도 잘나가고
홍장과의 염문이 구설수가 아니라
유명세를 탔다

갑곶나루가 태어나는데
여러 몫을 한 것만으로도
모든 허물을 다 가릴 수 있겠다

전라도에서 태어나
김포에 뼈를 묻을 줄
누가 알았겠는가

아무리 잘나가도
다사다난하지 않은 생을
보지 못했는데
역시 예외는 아니다

양성지
- 눌재(訥齋)

말 편치보다
글 편치가 더 쎘다,
확실히

세종 때 식년시에 급제하여
벼슬을 시작
문종, 단종, 세조, 예종, 성종의 조정까지 이른
벼슬이 다난하였다

동문선, 고려사, 고려사절요, 동국통감 등이 태어나는데
일조하고
고려사의 지리지를,
동국지도와 팔도지리지를 낳았다

글 편치인 양성지의 상소문은
상세하고 치밀하였는데
나라와 백성을 구하고
민족의 자존심을 드높이는 제안이었다

방납의 폐지,
강병 육성과 무기 개량,

문무의 차별 금지,
심지어 조선 연호를
독자적으로 제정하자는 상소문은
빠진 데가 없었다

조선 전기 때 이미
사고를 관리하는 방법을 구체적으로 내놓았는데
앞날을 내다보는
양성지의 혜안은 천리안이다

다난한 벼슬살이 중에
오활(迂闊)하단 말을 듣기도 하는데
학자적 관료인 양성지가
판서나 대사헌의 역할을 제대로 해내지 못할 정도로
천성이 유약한 탓이라고
윤필상이 왕에게 고하기도 하였다

단종 복위 운동에 동참하지 않고
신숙주를 따라
세조의 편에 선 것이
훗날 지조를 버린 인물로 폄하되었다

말 펀치보다
글 펀치가 더 셌다,
한참

이목

무슨 일이든 딱 부러지는 생이
바람직한 생인데
무슨 일이든 딱 부러져
나중 형편이 나빠져도
바람직한 생이라 할 수 있을까

이상과 현실이 다른 걸 간파하지 못한
성균관 유생이
괜히 총대 매는 재미에 빠져
삶이 꼬이기 시작했다는 말은
맞는 말이 아니다

장원급제에
사가독서까지 지낸 생이
난언절해죄(亂言切害罪)로
참형을 당한 것은
시대를 잘못 만난 탓이다

시대를 잘 만났으면
조선의 방부제 역할을
딱 부러지게

똑소리 나게 했을 생이
부관참시까지 당하다니

무슨 일이든 똑소리 나는 생이
바람직한 생인데
무슨 일이든 똑소리 나는 생이
나중 형편이 나빠져도
바람직한 생이라 할 수 있을까

심연원

손녀가
중종의 바통을 받은
명종의 비로 잘나갔어도
티를 내지 않았다

외척치고
몸가짐을 바르게 하였기에
가문의 영광이랄 수 있는 정승이
한 가문에서 열 명이나 제수되었나

손자들의 이름에 겸(謙)자를 넣을 정도로
매사에 차고 넘치는 것을 경계하며
겸근(謙謹)을 강조했음에도
산업경영은 멀리하지 못했다

전랑 자리를 두고
김효원의 반감을 산
붕당정치의 효시인 동인과 서인에서
서인의 주역인 심의겸이 손자이다

외척, 외척치고는

폐단이 그리 심하지 않은
외척들의 귀감이 된 것은 사실이나
외척이 적폐의 대상인 것 또한 사실이다

손녀가
중종의 며느리로
나중엔 명종의 비로 잘나갔어도
티를 내지 않았다

조헌

조선에서 유배 맛 한 번 안 보고
조선의 방부제 역할을 한다는 것은
불가능하다

우저서원으로만
이름을 날린 게 아니라
공명과 함께 배향된
우리나라 선현 18분 중의 한 분인 것만으로
생을 추적해 볼 가치가 있다

망국으로 가는 조선을 구하고자
옥천의 후율정사에서
한양까지 걸어간
일본의 침략을 예견한
상소 하나만으로도
조선에 길이 빛날 인물이다

조선에서
이보다 더 떳떳한 생을
눈을 씻고 봐도
찾아보기가 쉽지 않은 이유는

무엇일까

조선에서 유배 맛 한 번 안 보고
조선의 방부제 역할을 한다는 것은
불가능하다

장만

군위신강(君爲臣綱)의 나라 조선에서
벼슬아치가
사약 받지 않고
참수만 당하지 않으면
성공한 삶이다

아파 병들어 죽는 것은
사약 받고
참수 당하는 것에
견줄 바가 못 된다

이괄의 난을 진압한 것만으로도
조선왕조는
장만에게 크게 빚을 졌다

중과부족이어
그냥 중과부족이 아니라
지나친 열세로
패했을 땐
책임을 묻지 말아야 한다

벼슬을 사양하여
오만하단 말 듣지 않으면
몽니 부린단 말 듣지 않으면
진심인 것이다

군신유의(君臣有義)의 나라 조선에서
벼슬아치가
사약 받지 않고
참수만 당하지 않으면
성공한 삶이다

원종

누구는 사후에 부관참시당하고
누구는 사후에 왕으로 추대되는 것 보면
무엇이든 길게 봐야 한다는 생각이다

사후에 부관참시당하더라도
사후에 왕으로 추대되지 못하더라도
살아서 잘나가야지
사후의 일은 관여할 바 아니라는 이들도 있다

생전에도 잘나가고
사후에도 잘나가면
이보다 더 좋을 수가 없다

정원군 사후
반정이
자식인 능양군을 왕으로 추대하여
졸지에 묘가 홍경원이 되고
홍경원이 장릉이 되고
정원군이 원종이 되었다

정원군이 뿌린 씨 중에

능창은 자신의 삶을 앞당겼으나
능양이 꿈을 이뤄
사후에 정원군은
원종으로 다시 태어난 것이다

누구는 사후에 왕으로 추대되고
누구는 사후에 부관참시당하는 것 보면
무엇이든 길게 봐야 한다는 생각이다

윤계

가까스로
굵고 길게 살 수 있는 생을
찾아볼 수 있는 기회를
병자호란이 앗아가 버렸다

이조전랑으로
왕에게도 쓴 소리를 마다하지 않았는데
무릎 끌고 살기보다는 차라리 죽겠다는
그 놈의 고집이
최후를 비참하게 만들었다

목숨을 구하여
먼 훗날을
기약할 생각을 미처 하지 못한 건가
아예 그럴 생각이 없었던가

광해군이 내린 벼슬을 마다한
아버지 윤형갑을 생각하면
삼학사 중의 한 사람인 윤집이
아우인 것을 생각하면
이 집안은 누구도 못 말리는 집안이다

가까스로
굵고 길게 살 수 있는 생을
찾아볼 수 있는 기회를
병자호란이 앗아가 버렸다

박제가

가슴에 품은 뜻은 산보다 높은데
시대가 자신의 발목을 잡을 때마다
속이 뒤집혀도 한참 뒤집혔을 것이다

백탑을
멀리서 바라보면 으슥비슥 눈 속에서
대나무 순이 나오는 것처럼 보인다고
노래한 것 하나만으로도
나는 감동 먹는다

북학의, 북학의를 낳아
조선이 중국과 어깨를 나란히 하게 되기를
꿈꾼 초정을 생각하면
가슴이 뜨거워진다

고운과 중봉의 말을 끄는
마부가 되고 싶었다는
초정의 어린 시절의 꿈을 들여다보는 것만으로도
마음이 뿌듯하다

가슴에 품은 뜻은 바다보다 깊은데

시대가 자신의 발목을 잡을 때마다
속이 뒤집혀도 한참 뒤집혔을 것이다

남효온

눈물 없이
남효온의 일생을 들여다볼 수 없다

눈 밖에 나는 일을 자초하였으니
삶이 평탄할 수가 없다

나중 형편이 어떻게 될지
전혀 생각하지 않고
소릉복위를 요청하지는 않았을 것이나
화를 면치 못했으니

더더욱 육신전은
불에다 기름을 부은 꼴이 되었으니
훗날 복원을 한들
그게 무슨 소용이 있단 말인가

눈물 없이
남효온의 일생을 들여다보기가
쉽지 않다

* 4부에 실린 시들은 『김포역사 인물산책(이경수 저)』에 실린 인물들에 대한 시이다. 이 책을 접하지 않았더라면 인물시를 쓸 생각을 못했을 것이다. 부분적으로 차용 및 변용한 부분도 있음을 밝히며 일독을 권한다.

사의재 시인선 57

김포

1판 1쇄 인쇄일 | 2020년 1월 6일
1판 1쇄 발행일 | 2020년 1월 10일

지은이   김재석
펴낸이   신정희
펴낸곳   사의재
출판등록 2015년 11월 9일 제2015-000011호
주소   목포시 양을로 266(용해동)
전화   010-2108-6562
이메일   dambak7@hanmail.net
ⓒ 김재석, 2020

ISBN 979-11-88819-52-2 03810

지은이와 출판사의 동의 없이 이 책의 내용 중 전체 또는 일부를 인용하거나 발췌하는 것을 금합니다.

앞표지와 뒤표지 사진자료는 김포시청으로부터 제공받았습니다.

값 10,000원

  이 도서의 국립중앙도서관 출판예정도서목록(CIP)은 서지정보유통지원시스템 홈페이지(http://seoji.nl.go.kr)와 국가자료종합목록 구축시스템(http://kolis-net.nl.go.kr)에서 이용하실 수 있습니다. (CIP제어번호 : CIP2019052529)